Autoren-Team Sültz auf Sylt

Renate Sültz

Meine Gedichte

BoD - Books on Demand

Norderstedt 2016

Bibliografische Information durch die Deutsche Nationalbibliothek

Die Deutsche Nationalbibliothek verzeichnet diese Publikation in der Deutschen Nationalbibliografie; detaillierte bibliografische Daten sind im Internet über http://dnb.dnb.de abrufbar.

© 2016 Renate Sültz

Herstellung und Verlag: BoD – Books on Demand, Norderstedt

ISBN 978-3-73923-774-9

Sylt

Eine Insel lädt zum Träumen ein.

Heidelandschaft und viel Strand.

Ohne sie kann ich nicht sein.

Das Glück ich in den Dünen fand.

Oft liege ich im Sand.

Schaue auf das Meer.

Auf Sylt ich meinen Liebsten fand.

Diese Insel mag ich sehr.

Sylt ist Leben und Natur.

Die Insel gibt mir viel.

Dort hab' ich Erholung pur.

Immer wieder ist sie mein Ziel.

Abendliches Glück

Die Dunkelheit bricht herein.

Nur eine Kerze brennt.

Wir sind ganz allein.

Niemand unsere Gedanken kennt.

Leise sagst Du mir etwas ins Ohr.

Zärtlich berührst Du meine Wangen.

Wie im Himmel komm ich mir vor.

Unstillbar ist mein Verlangen.

Langsam ziehst Du mich hin zu Dir.

Deine Lippen liebkosen meinen Mund.

Ich fühle, Du bist glücklich mit mir.

Nie trennen wir uns, es gibt keinen Grund.

Liebe

Liebe und Vertrauen.

Wärme und Verstehen.

Darauf kann man bauen.

Den Weg gemeinsam gehen.

Zärtlichkeit, ein liebes Wort.

Glücklich sein und leben.

Zu Hause sein an jedem Ort.

Und sich alles geben.

Toleranz und akzeptieren.

Den anderen nehmen wie er ist.

Du wirst ihn nie verlieren.

Nur er weiß wie gut Du bist.

Liebe

Rein ist Dein Denken.

Bist immer für andere da.

Willst alles zum Guten lenken.

Das, was Du sagst ist wahr.

Du bist ein Mensch mit Herz.

Kannst weinen wie ein Kind.

Erträgst auch Schmerz.

Danke, dass wir zusammen sind.

Viel willst Du immer geben.

Denkst nie an Dich.

Mit Dir, lohnt es sich zu leben.

Niemanden lässt Du im Stich.

Liebe

Zarte Bande sind gesponnen.

Verständnisvolle Worte gesagt.

Erkenntnisse hat man gewonnen.

Den Blick nach vorne gewagt.

Eine Rose sagt mir so viel.

Du hältst fest meine Hände.

Führst mich langsam hin zum Ziel.

Bald hat das Warten ein Ende.

Mut zum Leben

Verloren ist das große Glück.

Es war doch auch oft schön.

Nie mehr kommt es zurück.

Schwer ist es zu verstehen.

Kommt es anders als man denkt,

verlässt uns oft der Mut.

Man hat so viel von sich verschenkt,

Doch irgendwann wird es wieder gut.

Drum schau' nach vorn, es geht schon weiter.

Bald wirst Du wieder lachen.

Dein Gemüt wird hell und heiter.

Das Leben wird wieder Freude machen.

Möpse fressen nicht, sie schlucken.

Gierig schlingen sie es runter.

Blöde können sie dann gucken.

Trotzdem sind sie munter.

Möpse werden niemals satt.

Sie kauen den ganzen Tag.

Unlängst war ich wieder platt.

das unser Mops Christstollen mag.

Am Abend springt er dann ins Bett.

Streckt alle Viere in die Kissen.

Er ist schon richtig rund und fett.

Doch wer kann ihn schon missen.

Herbst, du schöne Zeit.

Zart ist deine Pracht.

Der Winter, er hält sich bereit.

Berührst mein Herz ganz sacht.

Zerbrechlich sind nun deine Blätter.

Zärtlich fallen sie auf mich nieder.

Herbst, du bist mein Seelenretter.

Lebenslang und immer wieder.

Dein buntes Bild sagt mir so viel.

Fast wird es Zeit zu gehen.

Der Winter ist nun fast am Ziel.

Herbst, wird' ich dich wiedersehen?

Freude haben am Geben.

Andere glücklich machen.

Nicht immer nur nehmen.

Fröhlich sein und lachen.

Nichts gehört uns ganz allein.

Alles ist vergänglich.

Nichts darf selbstverständlich sein.

sonst wäre es verfänglich.

Wir sollten geben wenn es geht.

Bestimmt wird man sich freuen.

Gutes tun, schon in der Bibel steht.

Wir werden es nicht bereuen.

Erinnerungen

Erinnerungen bleiben bestehen.

Vieles war schön, zum Glück.

Doch sollten wir nie rückwärtsgehen.

Nur nach vorn, Stück für Stück.

Oft sind Erinnerungen fade.

Wir müssen in die Zukunft schauen.

Sich stets erinnern ist doch schade.

Auf etwas Neues muss man bauen.

Erinnern werden wir uns gern.

An eine schöne Zeit.

Diese ist weit weg und fern.

Längst ist es Vergangenheit.

Erkennen

Es ist wichtig zu erkennen,

den Weg, den man gehen muss.

Gut ist's nicht wegzurennen.

Nein, durchhalten bis zum Schluss.

Hast du deine Seele erkannt,

dann musst du nichts mehr sagen.

Sei auf das, was kommt gespannt.

Trau' dich wieder etwas zu wagen.

Erkennst du was wichtig ist für dich,

hast du viel gewonnen.

Das Schicksal lässt dich nicht im Stich.

Traurige Gedanken sind dir genommen.

Friede

In Frieden wollen wir leben

und den Kriegen weichen.

Wir müssen uns die Hände geben,

dann können wir viel erreichen.

Friedlich reden ist so wichtig.

Versuchen zu verstehen.

Zuhören wär doch richtig

und dann in Frieden wieder gehen.

Gehet aufeinander zu.

Vermeidet jeden Streit.

Friedlich und in aller Ruh.

Nutzt endlich die Gelegenheit.

Lebensabend, du bist gekommen.
Warst schneller als die Zeit.
Erfahrung haben wir gewonnen.
Warten nun auf die Ewigkeit.

Ruhig und weise ist unser Denken.
Ein paar Dinge woll'n wir noch tun.
Die Chance wird Gott uns schenken.
Noch längst können wir nicht ruh'n.

Doch irgendwann ist es soweit.
Sanft dämmern wir dahin.
Dann fliegen wir in die Ewigkeit.
Ja, das Leben hatte einen Sinn.

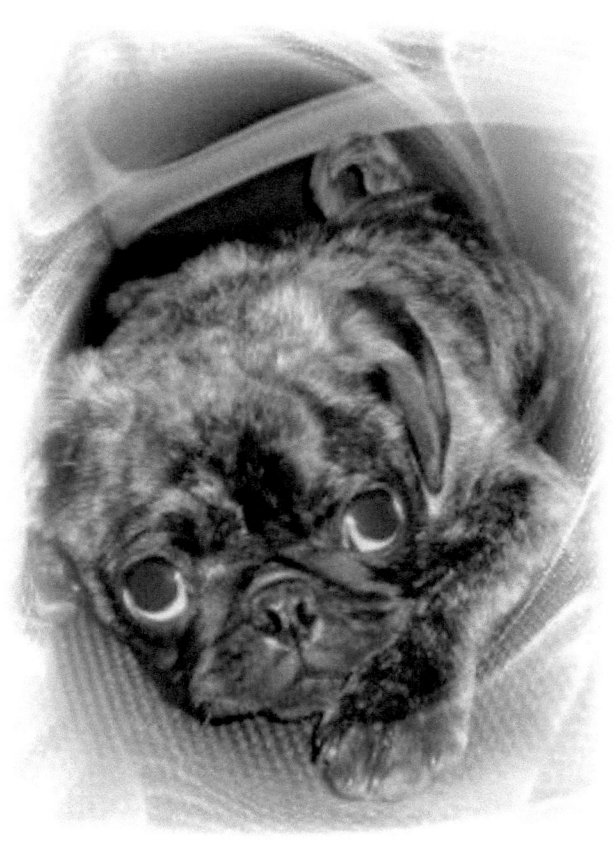

Der Mops

Spielen will der Mops ja immer.
Fressen leider auch.
Flitzt mit seinem Ball durch's Zimmer.
Langsam bekommt er einen Bauch.

Natürlich schläft er auf der Matratze.
Braucht sie schon für sich allein.
Jagt ganz wild des Nachbarn Katze.
Und kackt in seinen Garten rein.

Beim Futter ist er sehr verwöhnt.
Gern nimmt er auch von unserem Essen.
Sein Schnarchen in den Ohren dröhnt.
Einen Mops erziehen, kannst du vergessen.

Sein Leben, der Fernseher

Die Flimmerkiste war sein Leben.

Ohne sie ging es nicht mehr.

Was sollte es auch besseres geben.

Was anderes tun, es viel ihm schwer.

Er glotzte am Tag und in der Nacht.

Im Sofa war schon ein Loch.

Er wurde fett, ich hab gelacht.

Spät am Abend er vom Sofa kroch.

Jetzt ist er tot, der arme Mann.

Doch liegen wird er immer.

Er doch nicht ohne Fernsehen kann.

In seinem neuen Eichenzimmer.

Fasching

Hoch geht es im Fasching her.

Fröhlichkeit weit und breit.

Die Kinder freuen sich so sehr.

Schön ist sie, die Narrenzeit.

Die Kneipen sind gerappelt voll.

Alle saufen um die Wette.

Es wird gelacht, getanzt ganz doll.

Besetzt ist ständig die Toilette.

Drum feiert schön und lasst es krachen.

Arbeiten könnt ihr noch genug.

Lasst uns lachen und Witze machen.

Geht zum Karneval, seit klug.

Der Floh

Fröhlich springt er dir entgegen.

Es juckt und kribbelt ungemein.

Er haut nicht ab, von wegen.

Man sieht ihn kaum, er ist so klein.

Wir kratzen hier und auch mal da.

Dem Floh geht es recht gut.

Man muss ihn töten, das ist klar.

Mich packt jetzt gleich die Wut.

Das Zeitliche hat er gesegnet.

Der blöde Floh, es wurde Zeit.

Wehe dem, der ihm begegnet.

Haut schnell ab, ganz weit.

Still vergeht die Zeit

Ewig ist kein Leben.
Still vergeht die Zeit.
Bald werden wir gen Himmel schweben.
Das Paradies ist nicht mehr weit.

Drum lebe jetzt, das ist so wichtig.
Tue das, was du tun musst.
Nimm dich selbst wieder wichtig.
Leg' endlich ab den Frust.

Zum Leben gehört glauben.
Glauben auch an sich selbst.
Lass' dich nicht des Glücks berauben.
Ganz fest du's in deinen Händen hältst.

Deine Seele

Ich liebe Dich, du bist so weise.

Denkst nie an Dich, bist immer da.

Bist da für mich, so sanft und leise.

So bist Du, wie wahr.

Über Dich kann ich nur Gutes sagen.

An Schlechtes hast Du nie gedacht.

Die guten Dinge überragen.

Richtig hast Du alles gemacht.

Was auch geschieht, du hast Zeit.

Gott entscheidet ganz allein.

Der Weg zum Frieden ist nicht weit.

Du wirst nie einsam sein.

Verstehen

Viele Menschen sehen nicht,
wollen weitergehen.
Haben kein Lächeln im Gesicht.
Können nichts verstehen.

Wann begreifen sie denn endlich.
Warum können sie es nicht lassen?
Ist es denn so unverständlich?
Wir können es nicht fassen.

Verstanden werden und auch sehen.
Wäre schön, wenn das so geht.
Können wir den Weg nun gehen?
Geht es, dass man uns versteht?

Die Kerzenparade

Lustig zeigen sie die Flammen.
Sie flackern hin und her.
Präsentieren sich nur zusammen.
Feuersbrunst und Flammenmeer.

Aus Bienenwachs sind sie gemacht.
Sie brennen ganz gemächlich.
Und lodern heiß, wär' doch gedacht.
Ohne sie, ist's unerträglich.

So sitzen wir dann sehr gespannt.
Gemütlich um den Kerzenschein.
Warten, bis sie abgebrannt.
Mit einem guten Gläschen Wein.

Kirmes

Auf der Kirmes ist was los.
Die Buden sind gerappelt voll.
Wo ist der Fritz denn bloß?
Er schaut sich um, wie toll.

Susi will einmal Scooter fahren.
Alle stehen Schlange.
Komm schnell in die Geisterbahn.
Sei mal nicht so bange.

An einem Stand wird wild geschossen.
Jetzt müssen wir bald gehen.
Die Bierchen sind im Zelt geflossen.
Wir können nicht mehr stehen.

Zu Ende ist die Kirmeszeit.
Die Börse ist nun leer.
Bis nach Hause ist es nicht weit.
Und übel ist uns sehr.

Der Jäger

Einst ging ein Förster durch den Wald.
Er wollte ein Reh erlegen.
Doch er blieb stehen und merkte bald,
Nichts konnte er bewegen.

Das Reh, es sprang ganz wild umher.
Es freute sich des Lebens.
Der Jäger ärgerte sich sehr,
Dass seine Müh vergebens.

Er gab es auf, der Jägersmann.
Wollte von Rehen nichts mehr wissen.
Fröhlich ging er in den Wald sodann.
Konnte nie mehr Rehe schießen.

Autobahn

Jeder fährt auf der Autobahn.

Schnell wollen alle weiter.

Die Polizei kommt nah heran.

Langsam fahren ist gescheiter.

Der Vater sieht die Kelle nicht.

Er meckert laut herum.

Umsicht wäre seine Pflicht.

Der Polizist nimmt ihm das krumm.

Widerwillig hält er an.

Und fühlt sich noch betrogen.

Die Strafe nicht mehr warten kann.

Schnell ist die Euphorie verflogen.

Drum rase nicht und sei gescheit.

Auch anders kommt man ans Ziel.

Sei weise und nimm dir Zeit.

Man kann es wenn man will.

Die Praline

Süß und lecker fliegen sie an,
die Pralinen alle.
Nougat, Nüsse und Marzipan,
gleich gehen sie in die Falle.

Gierig geht mein Mund auf.
Bald sind sie alle weg.
Kommt schnell, ich warte drauf.
Ich mir schon die Lippen leck.

Drum hat mir heut mein lieber Mann.
Pralinen mitgebracht.
Ein wenig naschen ich doch kann.
Ich dank es ihm heut' Nacht.

Der Wecker

Lustig tickt die alte Uhr,

tickt den ganzen Tag.

Rappelt hin und wieder stur.

Diesen Lärm ich gar nicht mag.

Zeiger rauf und Zeiger runter.

Zahl für Zahl wird weggeräumt.

Die Zahlen streicht er lässig runter.

Das hab ich doch wohl nicht geträumt.

Ach Wecker, weck' mich pünktlich auf.

Ich verschlafe sonst die Zeit.

Auch wenn's mich aus dem Bette haut.

Ich hau' dich fest, es tut mir leid.

Unser Mops

Wir haben diesen Hund.

Er vertreibt uns die Zeit.

Wir haben Freude in jeder Stund'.

Doch er läuft nicht gerne weit.

Einen Mops muss man halt lieben.

Er ist so wunderbar.

Er will keinen Kohldampf schieben.

Kann immer fressen, wie wahr.

Hast du Pech, liegt er im Bett.

Du kriegst ihn da nicht weg.

Was er macht ist gar nicht nett.

Er wackelt mit dem Schwanz ganz keck.

Drum hol' dir einen Mops.

Er ist ja zum Verlieben.

Ja, er frisst auch Drops.

So hat es uns zum Mops getrieben.

Fußball

Auf dem Platz, da ist was los.
Es wird gejubelt und gelacht.
Das Spiel ist toll, die Freude groß.
Emil hat ein Tor gemacht.

Alle rennen hin und her.
Kein Konzept hat dieses Spiel.
Ach, wie blöd ich will nicht mehr.
Mir ist alles doch zu viel.

Das Spiel ist aus und alle gehen.
Es fiel ja kaum ein Tor.
Albert kann bald nicht mehr stehen.
Kein Fußball mehr, nehm' ich mir vor.

Die Pendeluhr

Lustig schlägt die Pendeluhr.
Immer dann, wenn man es nicht braucht.
Wedelt sie mit dem Pendel stur.
Vor Wut die dicke Katze faucht.

Doch sie ist wertvoll und sehr alt.
Man muss es wohl ertragen.
Das Schlagen bis zum Nachbar hallt.
Neu aufziehen wird' ich wagen.

Bin stolz auf diese alte Uhr.
Laut tickt sie vor sich hin.
Sie schlägt die vollen Stunden nur.
Wie glücklich ich mit ihr doch bin.

Schach

Willst du deinen Geist trainieren,
Dann tu' doch was für dich.
Lass' dich zum Schachspiel animieren,
Es wird dich fordern sicherlich.

Den König musst du stets beschützen,
Die Dame hat ein Auge drauf.
Der Läufer bringt den Turm zum Schwitzen,
Der Springer mischt nun alles auf.

Lern' Schach und sei gescheit,
Es tut dem Kopfe gut.
Man spielt's allein und auch zu zweit,
Versuch' es doch und hab' den Mut.

Zum Jahreswechsel

Wieder ist ein Jahr zu Ende.

Nicht alles war so gut.

Es kommt die Jahreswende.

Wir schöpfen neuen Mut.

Viel haben wir uns vorgenommen,

für das neue Jahr.

Hürden haben wir erklommen.

Es wurde vieles wahr.

Friedlich soll es weiter gehen.

In Ruhe wollen wir leben.

Wir hoffen noch so viel zu sehen.

Und alles wollen wir geben.

Inselträume

Bei Dir kann ich glücklich sein.

Du bist so wie Du bist.

Hier bin ich nicht allein.

Hab Dich sehr vermisst.

Bin ich traurig, fängst Du mich auf.

Deine Schönheit wird nie vergehen.

Lasse meinen Gefühlen freien Lauf.

Ich glaube man wird es verstehen.

Dünen, Wellen und Sand.

Nichts anderes hab ich im Sinn.

Uns verbindet ein enges Band.

Bin froh, dass ich bei Dir bin.

„Meine Insel Sylt."

Badespaß

Ein Wannenbad ist wunderbar.

Du weichst dann richtig ein.

Man braucht viel Schaum, das ist ja klar.

Am Ende bist du zart und rein.

Doch pass' auf, sie ist schnell voll.

Jetzt schwappt das Wasser über.

Das Bad ist nass, das ist nicht toll.

Nun gehen wir zum Nachbarn rüber.

Ein Badespaß ist in vollem Gange.

Der Schaum fliegt hin und her.

Alle haben Freude lange

und der Nachbar freut sich sehr.

Liebe

Liebe ist nicht nur ein Wort.
Leidenschaft und Vertrauen.
Ich liebe Dich, ich sag' es laut.
Auf meine Gefühle kannst Du bauen.

Wo Du bist, da bin auch ich.
Meine Seele ist stets bei Dir.
Ich lasse Dich niemals im Stich.
Lebenslang gibt es ein WIR.

Gut, dass ich Dich gefunden.
Hab' Dich lange nicht geseh'n.
Hürden haben wir überwunden.
Ich werde nie mehr von Dir geh'n.

Frühlingsgefühle

Die ersten Knospen sprießen.

Der Frühling ist schon da.

Die Schönheit woll'n wir genießen.

Eine herrliche Zeit, oh ja.

Der Igel kommt aus seinem Bau.

Einen langen Winter hatten wir.

Nun sucht auch er sich eine Frau.

Und bleibt in unserem Garten hier.

Auch Herzen werden sich jetzt finden.

Ach, ist der Frühling schön.

Sie wollen sich für immer binden.

Und feste zueinander steh'n.

Unsere Erde

Warum sehen wir den Reichtum nicht,

den man uns einst gegeben.

Schutz und Nahrung sie uns verspricht.

Genügend Platz zum leben.

Doch beuten wir die Erde aus.

Und wissen nicht was wir tun.

Holen Gold und Edelstein heraus

und lassen sie nicht mehr ruh'n.

Wir müssen schützen diese Welt.

Sie ist das wahre Paradies.

Die Anmut dieser Erde zählt.

Sie zu bestehlen ist so mies.

Das Universum

Schwarze Löcher, Galaxien.
Strings und Dimensionen.
Geheime Dinge wollen wir sehen.
Könnten dort auch Menschen wohnen?

Fremde Welten, Parallelen.
Dunkle Materie weit und breit.
Wenn ich könnte, würd ich wählen
und reisen in die Vergangenheit.

Faszinierend ist der Raum.
Er ist unendlich weit.
Milliarden Sterne, man glaubt es kaum.
Wir werden reisen, in eine andere Zeit.

Liebe

Tief und innig liebe ich Dich.

Ich teile mein Leben mit Dir.

Deine Gefühle sind nur für mich.

Nun gehst Du den Weg mit mir.

Liebe sind nicht nur Worte.

Es ist die Seele und der Geist.

Glücklich sein an jedem Orte.

Ich begehre Dich, dass Du's nur weist.

Alles gemeinsam machen.

Umarmen und zärtlich sein.

Freude geben und viel lachen.

Durch's Leben gehen, nicht allein.

Ohne Dich wird nichts mehr gehen.

Alles würde trist und leer.

Nichts könnte ich mehr verstehen.

Ich liebe Dich immer mehr.

Der Leierkastenmann

Es war um die Jahrhundertwende,
nur Kutschen konnte man sehen.
Eine Ära ging erst einmal zu Ende.
Lange Kleider im Winde wehen.

Auch der Leierkastenmann
an jeder Ecke stand.
Schöne Lieder er immer sang.
In seinem Hute er fünf Groschen fand.

Nur schade, dass die Zeit zu Ende.
Doch er wird niemals rasten.
Überlebt hat er die Zeitenwende.
Spielt immer noch den Leierkasten.

Sylt

Fröhlich sind die Friesen,

die Sylter sowieso.

Gemütlich liegen sie in den Wiesen,

auf der Insel irgendwo.

Auf dieser Insel sind wir alle auch so gern´,

genießen Fischbrötchen in der Natur.

Und ist die Anreise noch so fern,

alle lieben diese Kultur.

Drum kommen wir gern´ wieder,

auf diese Insel dort.

Wir singen schöne Seemannslieder.

Von hier geh´n wir nie wieder fort.

Das Schweinchen Klecks
und andere Kindergeschichten

ISBN 978-3-95744-286-4

Unsere Kinderbücher:

Fitus, der Sylter
Strandkobold

ISBN 978-3-95744-758-6

Fitus, der Sylter
Strandkobold
Gute-Nacht-Geschichten

ISBN 978-3-73922-001-7

MEINE GEDICHTE
Sültz, Renate

Hardcover
96 Seiten
ISBN 978-3-7392-1582-2

SEELENVERSPRECHEN
Sültz, Uwe H.

Paperback
96 Seiten
ISBN 978-3-7392-2810-5

DEIN LEBEN IN MIR
Sültz, Uwe H.

Paperback
88 Seiten
ISBN 978-3-7392-3427-4

Konstanzes Vermächtnis

Es wird die Lebensgeschichte der jungen Schneiderin Konstanze ab 1880 in Berlin erzählt.

ISBN 978-3-73921-903-5

STAR MARSHAL - Police in the Universe

Die Hüter des Gesetzes im Universum, die Star Marshals, sorgen im 25. Jahrhundert für Recht und Ordnung. Weitere Geschichten folgen...

ISBN 978-3-73922-617-0

DER KLEINE SYLT REPORT
Autorenteam Sültz auf Sylt

Eine Buchreihe zu erschwinglichen Preisen mit immer wechselnden Themen.

ISBN 978-3-73922-559-3

SYLT - Ein Bildband
Die Bilder haben einen hohen Wiedererkennungswert
ISBN 978-3-7392-3086-3

Ab Februar 2016 erscheinen folgende Projekte:

SYLT - Mein Urlaubstagebuch

Reichhaltig bebildert mit S/W-Aufnahmen der Insel Sylt

Herzlichen Dank für Ihr Interesse

Renate Sültz